Romano Lombardi

ANIMA II Die Übungen

Romano Lombardi

ANIMA II Die Übungen

Mind-Body-Interventionen flankierend zu schulmedizinischen und naturheilkundlichen Behandlungen

Trainerverlag

Impressum / Imprint

Bibliografische Information der Deutschen Nationalbibliothek: Die Deutsche Nationalbibliothek verzeichnet diese Publikation in der Deutschen Nationalbibliografie; detaillierte bibliografische Daten sind im Internet über http://dnb.d-nb.de abrufbar.

Bibliographic information published by the Deutsche Nationalbibliothek: The Deutsche Nationalbibliothek lists this publication in the Deutsche Nationalbibliografie; detailed bibliographic data are available in the Internet at http://dnb.d-nb.de.

Coverbild / Cover image: www.ingimage.com

Verlag / Publisher:
Der Trainerverlag
ist ein Imprint der / is a trademark of
AV Akademikerverlag GmbH & Co. KG
Heinrich-Böcking-Str. 6-8, 66121 Saarbrücken, Deutschland / Germany
Email: info@verlag-trainer.de

Herstellung: siehe letzte Seite /
Printed at: see last page
ISBN: 978-3-8417-5064-8

Inhalt

Vorwort

Noch weiß man nicht, warum ein Patient gesundet und ein anderer mit den gleichen Symptomen stirbt.

Wie findet man aus der Spirale von chronischen Krankheiten heraus?

677 Millionen Mal verordneten deutsche Ärzte 2009 eine Therapie. Diese beinhalteten 37 Millionen Schmerzmittel, 35 Millionen Antirheumatika und 27 Millionen Säurepuffer für den Magen.

Tabletten sind das wichtigste Instrument der Medizin, wobei 40 Prozent aller Antidepressiva vom Patienten nicht genommen werden.

Jeder Zweite beklagt, dass die Schulmedizin oft nur die Symptome behandelt und nicht die Ursache von Krankheiten.

Die Anima-Übungen sollen dabei helfen, diesen fatalen Kreislauf zu durchbrechen. Mit den Anima-Übungen können Sie Einfluss auf Ihren Körper nehmen, ihm befehlen und ihn zwingen, sich äußerlich wie innerlich schrittweise zu dem Bild umzuformen, das Sie ihm eingeben mit dem Gefühl, dass es genau so sein wird, wie Sie es wollen. Nach dem hermetischen Prinzip „So innen wie außen".

Die Wiederherstellung Ihrer Gesundheit ist nicht das Endziel, sie ist lediglich die Vorbereitung auf eine neue Lebensetappe, auf die Realisierung Ihrer Träume.

Halten Sie doch einmal kurz inne und stellen Sie sich vor, wie Sie herzhaft und mit vollem Genuss in eine saftige Zitrone beißen. Warten Sie ein paar Sekunden …

Spüren Sie, wie Ihnen der Speichel im Mund zusammenläuft?
Haben Sie an den Speichel gedacht?
Nein, natürlich nicht, Ihr Körper hat sofort die Arbeit aufgenommen, um den sauren Saft zu neutralisieren, schon bevor er in den Magen gelangen kann.

Mit derartigen inneren Kräften haben wir es zu tun und Sie werden lernen, diese Kräfte nach Bedarf für Ihre Heilung einzusetzen.

Einfache, schnell zu erlernende Übungen befreien Sie davon, Ihre Gesundheit in die Hände Dritter legen zu müssen. Sie werden wieder ein selbstbestimmtes Leben führen, so, wie es Ihre Bestimmung ist.

„So, wie Sie sprechen, fühlen und denken, so ist Ihr Leben.“

Über die Anima-Übungen – Was man wissen muss

Wenn Sie willentlich ein Bild der Genesung herstellen und Freude darüber empfinden, dass Sie gesund sind, beginnen Sie bewusst damit, den Organismus zu lenken, weil Sie ihm eine konkrete Aufgabe erteilen. Und Ihr Organismus wird Ihren Auftrag sofort ausführen!

In meinem Buch „Anima" lautete das Leitthema: „Es gibt keine Krankheiten, es gibt nur kranke Seelen."

In diesem Buch, „Anima II", stelle ich Übungen vor, die Ihnen helfen, Ihre Seele in ihrer Genesung zu unterstützen, krankmachende eingelagerte Strukturen im Unterbewusstsein zu löschen und zu verändern und somit die Basis für ein gesundes, glückliches Leben zu gewährleisten.

„Ändere deine Gedanken und du änderst dein Leben!"

Vergessen Sie pure Techniken. Starten Sie mit mir als Ihr Coach und ich sage Ihnen gleich am Anfang:

„Ihr Geist heilt Sie, nicht die Technik."

Wir konzentrieren uns auf die innere Arbeit, die Sie tun werden.

Gehören Sie zu den Willenlosen, Schwachen und Faulen unter der Spezies Mensch, dann sind Sie hier schon richtig und sollten weiterlesen und besonders verinnerlichen, was ich Ihnen zu sagen habe.
Gehören Sie in die Gruppe der Schlauen, die den Ärzten zeigen, wo es langgeht?

Alle Ärzte verstehen nichts, nur Sie nach jahrzehntelangem Leiden kennen Ihre Krankheit und wissen, wie man damit überlebt. Sie sind der Spezialist. Dann muss ich Ihnen gleich sagen, dass ein Umdenken nötig sein wird.
Seien Sie nicht beleidigt. Nur indem ich Ihnen diese Dinge bewusst mache, die Sie sorgfältig im Unterbewusstsein verschleiert haben, können Sie das Leid besiegen und lebenstüchtige Menschen werden.

Lesen Sie weiter und Sie finden mit den Anima-Übungen aus dieser Spirale heraus. Es kann aber auch sein, dass Sie wie so viele andere chronisch Kranke gar nicht aus Ihrer Krankheit herauswollen, weil Sie vielleicht nach Ihrer Genesung Ihre restliche Lebensfreude verlieren. Sie verlieren gar ihr „Leid"-Motiv für ein Leben in Krankheit.
Fügen Sie mich zu Ihrer Liste der Dummköpfe hinzu. Sie werden in einem Gespräch mit Ihren Freunden, Verwandten und Nachbarn erzählen: „Ich habe das Buch gelesen. Nichts Neues! All das ist längst bekannt!" Wahrscheinlich sind Sie noch passiv und erwarten, dass man Ihnen eine Spritze verpasst oder neue Tropfen verschreibt. Und Sie werden dann ewig weiter Freude an Ihrer Krankheit haben.

Lesen Sie weiter! Nichts wird Ihnen geschenkt, ich fordere Sie sogar auf, etwas für sich zu tun. Lernen Sie um!

Ich habe eine gute Nachricht für Sie, denn Sie werden lernen, dass wir edle Wesen sind, die unglaubliche Kräfte entwickeln können, und dass unsere Seele zu allem fähig ist. Sie werden erfahren und am eigenen Leibe spüren, dass Sie für sich selbst mehr tun können, als andere Menschen fähig sind, für Sie zu tun.

Sie haben viel gelernt, haben sich vielleicht einen oder mehrere Doktortitel erarbeitet und sich ein Wissen aus Tausenden von Büchern angeeignet. Niemand hat Ihnen bis jetzt gesagt, dass Sie über machtvolle Kräfte verfügen und dass bei Ihnen all dies schon vorhanden ist. Sie benötigen für die Anima-Übungen nichts, absolut nichts, alles ist in Ihnen vorhanden.
Ist das nicht unglaublich?
Es ist wunderbar, es muss nur in Gang gesetzt werden. Mit den Anima-Übungen, lernen Sie, ein schönes, glückliches und wohlhabendes Leben zu führen.

Ich bin mit ganzem Herzen bei Ihnen.
Die innere Arbeit, die Sie tun, bringt Ihnen Nutzen und befreit Sie davon, Sklave Ihrer Krankheit zu sein.
Anima-Übungen sind die bewegende Kraft und schaffen einen körperlich fühlbaren Drang nach Ihrem definierten Ziel.
Ein wenig Arbeit ist erforderlich, genaue und präzise Arbeit wird verlangt. Lassen Sie sich bei den Übungen nicht ablenken, denn nur mit geballter Gedankenkraft ist ein Durchbruch möglich.
Ich habe einige chronisch Kranke unter meinen Coachees, habe deren Charaktere studiert und dabei erkannt:

„Ihr Charakter wird zu Ihrem Schicksal.“

Um von chronischen Krankheiten loszukommen, erfordert es starke Menschen, eine aktive Teilnahme am Prozess und einen starken Willen, sich als Sieger zu behaupten.
Das hört sich schlimmer an, als es ist.
Nehmen Sie Ihr Schicksal selbst in die Hand und nehmen Sie den Kampf „Auge um Auge“ mit der Krankheit auf, um dabei als Sieger hervorzugehen.

Wir bearbeiten die Krankheit mit den Anima-Übungen auf der Ebene der Seele und des Unterbewusstseins, also an der Wurzel. Nur so wird sich die Gesundheit stabilisieren.

Symptome zu behandeln, bringt die Krankheit nicht zum Verschwinden.

Die Übungen sind durchweg leicht zu erlernen, erfordern jedoch einen Einsatz von Ihnen wie zum Beispiel Konzentration während Ihrer inneren Arbeit. Mentale Arbeit ist Schwerstarbeit und muss geübt werden. Das soll Sie jedoch nicht abschrecken, sondern umso mehr motivieren, da Sie auf dem Weg sind, eine neue, bedeutende Fähigkeit zu erlangen. Sie sind der Meister und all Ihre Zellen haben die Tendenz, sich nach dem Willen des Meisters auszurichten. Denn:

„So, wie Sie sprechen, fühlen und denken, so ist Ihr Leben."

Sie sind der Meister Ihres Körpers und kein Arzt kann Ihnen diese Verantwortung abnehmen.

Lernen Sie, ohne weitere Hilfsmittel einen schönen, gesunden und glücklichen Körper zu erzeugen und zu behalten. Wenn Sie die Übungen ausführen, Ihr Kopf aber voller Gedanken ist, werden all Ihre Bemühungen reine Zeitverschwendung sein.

Denn das hermetische Prinzip besagt:

„Geist befehligt die Materie."

Albert Einstein hat es schon mit seiner Weltformel beschrieben: $e=mc^2$. Materie ist ein energetisches Phänomen.

Auch die Quantenphysik besagt, dass unser Körper aus Licht und Information besteht („Photon" aus dem Griechischen „Licht" – Atome, die so klein sind, dass sie als Lichtteilchen wahrgenommen werden).

Das führt uns zur Quantenmedizin, eine hochmoderne und sehr aktuelle Vorgehensweise zur Veränderung von Quantenwellen mit erstaunlichen Resultaten, die an Wunder erinnern.

Ich habe für Sie anhand der Erkenntnisse der Quantenmedizin zwei Übungen erarbeitet und Sie kommen bei ihrer Anwendung in den vollen Genuss dieser neuartigen und modernen Vorgehensweise. Sie brauchen nicht zu lernen, wie Sie Quantenwellen bewegen. Das ergibt sich ganz von selbst bei der Anwendung der Übungen.
Gedanken, Gefühle und Bilder sind Information, und damit arbeiten wir und wirken somit auf die Struktur der Photonen/des Licht ein. Eine moderne und elegante Vorgehensweise und deren Möglichkeiten sind noch lange nicht erforscht.

„Man muss an Wunder glauben, um Wunder erleben zu dürfen."

Die innere Arbeit – Sie sind der Meister

Sie sind der Meister.
Seele, Geist und Körper sind eine Einheit. Sie sind Anima.
Ja, Sie sind es und Sie sind der Meister Ihres Lebens. Sie führen dieses Team an.
Um als Meister entsprechend agieren zu können, sollten Sie die Eigenarten Ihrer Teammitglieder kennen.

Unsere Seele, ein quirliges Ding. Sie schwebt über der Erde, in ihr sind alle erhabenen Gefühle und in ihr lebt die Zärtlichkeit. Sie ist voller Güte und unendlich ist ihre Kreativität. Sie greift gerne mal nach den Sternen! Sie ist impulsiv und dadurch auch chaotisch.

Die Seele benötigt unseren Verstand. Ohne ihn kann sie nicht überleben. Der Verstand als Ultra-Konservativer, als Bewahrer. Dieser bodenständige Begleiter bringt die Seele immer wieder auf die Erde zurück. Beide benötigen einander.

Unser Geist harmonisiert diese beiden. Diese Einheit – Anima der drei Kräfte – unterstützt das Leben im Menschen, und besonders Sie als „der Meister“ sind gefragt, Harmonie in Ihnen zu gewährleisten.

Die Anima-Übungen stützen sich auf diese Kräfte, auf Anima, und wirken so auf ein gesundes und glückliches Leben ein. Mit unserem Geist erzwingen wir durch die von uns entworfenen inneren Bilder, dass unsere Seele und unser Verstand das tun, was wir uns wünschen.

Wir sind der Meister über Anima und so gehen wir vor:

Gedanklich machen wir uns ein inneres Bild und betrachten uns in der Zukunft, wie wir ohne Gebrechen sind, wo alles gut und angenehm ist, so wie es sein soll, wie wir es uns wünschen.
Wir sehen und schaffen ein körperlich fühlbares Bild mit den entsprechenden Gefühlen und zwingen unserem Verstand dieses Ziel auf. Anfangs wird der Verstand als Bewahrer und als Konservativer Widerstand leisten. Aber das Drängen der Seele, die Kraft unseres Geistes und ein starker Willen werden den Widerstand täglich verringern. Nach einem vierzigtägigen Zyklus wird der Verstand nachgeben und die neuen Gewohnheiten annehmen. Somit wird die neue Gewohnheit das Festkleben in der Krankheit beenden und wir befreien uns so von ihr. Durch gezielte Fragen werden wir erleben, wie sich unsere Beschwerden ändern und gänzlich auflösen.
Die Hinwendung zu unserer Problematik bringt die Lösung, nicht das Verdrängen ins Unterbewusstsein, wie wir es seit unserer Jugend gelernt haben: „Die Zeit heilt alle Schmerzen!"
Eben nicht! Das Neue ist, wir arbeiten Auge in Auge mit unseren Problemen.

Veränderung durch Intensität – Den Sieg erringen

Das Thema vieler meiner Coachees ist es, eine Veränderung in ihrem Leben herbeizuführen. Und dies „bitte schön“ ganz schnell.
Man hat es ja so weit kommen lassen, bis es nicht mehr geht und man keinen Tag länger in der angestauten Situation verbringen möchte. Da gibt es Tränen und man fühlt sich am Ende aller Kräfte. In diesem kraftlosen Zustand ist nicht mehr an Veränderung zu denken. Wie soll ich die Kraft dazu aufbringen?
Ihr Lebenspartner kommt zu Ihnen und sagt: „Ich möchte diese Situation nicht mehr weiterführen!“
Innerhalb von Sekunden verändert sich alles. Sie sind nicht mehr Frau Müller, sondern nur noch die „Ex“.
Oder Sie haben Bauchweh über viele Jahre hinweg. Schließlich schleppen Sie sich doch zum Arzt und sagen: „Herr Doktor, mein Bauch tut so weh!“
„Wie lange sind Sie nicht beim Arzt gewesen?“, fragt dann der Arzt.
„Oh, ich gehe nie zum Arzt.“
Nach der Untersuchung blickt der Arzt besorgt drein und sagt: „Sie haben Magenkrebs im fortgeschrittenen Stadium.“
Innerhalb von Sekunden ändert sich Ihr ganzes Leben. Sie sind nicht mehr Herr Müller, Sie sind jetzt der Krebspatient.
Die Anima-Übungen helfen Ihnen dabei, frühzeitig eine Veränderung durchzuführen. Ich sagte Ihnen schon, Sie brauchen „nichts“. Sie haben alles in sich. Ihr Wille wird Ihnen die Kraft geben und Ihr Geist wird Ihre Ziele durchsetzen. Wenn Sie trotzdem glauben, kein Rezept zur Veränderung Ihrer Situation zu finden, dann bleibt noch, Ihr Verhältnis zur Situation zu verändern. Oft ist diese zweite Möglichkeit eine elegante Variante zum Sieg.
Veränderung durch Intensität, ein uraltes Naturgesetz, bewirkt spontan Veränderungen. Ihr langes Zögern, Ihre Bauchschmerzen behandeln zu lassen, ergibt nicht, wie Sie denken, ein Magengeschwür, sondern Krebs.

Ihr Partner ist die ewigen Streitereien satt und geht eigene Wege. Sie sollten frühzeitig die Kraft aufbringen und einlenken.
Ein Tsunami bringt innerhalb von Stunden ein ganzes Volk zum Nachdenken über seine Atompolitik.
Der Hurrikane Katrina stellt New Orleans vor einen Neuanfang. Ein Vulkan verwüstet eine ganze Landschaft und durch Überschwemmungen holt sich die Natur ihre angestammten Gebiete vom Menschen zurück.
Durch Intensität mit unserem Geist und unserem Willen zwingen wir der Seele und unserem Bewusstsein neue Gegebenheiten, neue Bilder und neue Ziele auf.
Intensität ist wichtig bei unserer mentalen Arbeit. Wenn Sie sagen: „Ich will gesund sein!", reagiert Ihr Körper mit: „Ich verstehe nicht." Das Wort „Gesundheit" kennt er gar nicht.
Bilder, neue Ziele, projiziert mit starkem Willen und täglicher geistiger Arbeit, sind die Mittel der Wahl. Ihr Körper wird gar nicht anders können, als die Vorgaben auszuführen.

„Dein Charakter ist dein Schicksal!"

Die Saboteure – Achtung Stolpersteine

Vielleicht verstehen Sie den Begriff „Saboteure“ besser, wenn ich sie als unsere „inneren Schweinehunde“ bezeichne.
Die Saboteure in uns halten uns davon ab, unsere Übungen zu machen. Sie sagen uns:

„Das nützt doch nichts!“
„Ist doch viel zu aufwendig.“
„Ähnliches haben wir doch schon probiert und es hat nicht genützt.“
Und so weiter …

Wenn Sie wissen, wie unser Verstand funktioniert, dann ist das mehr als verständlich. Unser Verstand kann uns nur Dinge wiedergeben, die er in diesem Leben gespeichert hat. Dementsprechend holt er ständig und immer wieder die alten abgelutschten Bonbons hervor, wickelt sie in neues Papier und präsentiert uns diese als neueste Erkenntnis. Und damit wollen Sie über Ihren Tellerrand hinausschauen?
Wir benötigen unsere anderen Sinnesorgane wie Gefühle, unsere Intuition und unsere Seele als Kreativdirektor. Vertrauen aufbauen in diese in uns angelegten Fähigkeiten, das ist eine lohnende Aufgabe.
Unsere Saboteure lehnen alles ab, was neu ist, was sie nicht kennen:

„Weg damit, das stört meinen Frieden!“
„Das kann ich nicht.“
„Das will ich nicht.“
„Das nützt nichts.“
„Ich habe keine Zeit.“
„Lasst mich damit in Ruhe.“

Das ist Ihnen allen bekannt. Sobald Sie anfangen, Ihre Übungen zu machen, werden diese Verweigerer uns zeigen, wer Herr im Hause ist. Sie werden dagegen ankämpfen und alles tun, damit wir unsere Komfortzonen nicht verlassen. Sie halten uns davon ab, uns zu entwickeln.
Mit unserem Geist und mit großem Willen werden wir die Übungen angehen, uns durchsetzen und uns täglich uns über unsere erzielten Fortschritte freuen. Zu unserer Strategie gehört, dass wir jeden Tag unsere Entwicklung kontrollieren und anhand dieser erkennen, dass wir ein befriedigendes Ergebnis erzielen. Diese Freude über unsere tägliche Entwicklung hin zu unserem Endbild gibt uns die Kraft, den Verweigerern unseren Willen aufzudrücken und den Sieg davonzutragen.
Den Erfolg können diese Saboteure uns nicht mehr nehmen, denn wir freuen uns täglich über die selbst herbeigeführte Heilung und sehen begeistert dem nächsten Tag entgegen, wo wir neue Fortschritte machen werden. Diese innere Kraft, die hier erzeugt wird, führt uns unweigerlich zum gewünschten Resultat und die Verweigerer werden in ihre Schranken gewiesen.
Der Verstand hat nach einiger Zeit der Verweigerung hinzugelernt und unterstützt uns nun, den Sieg zu erringen.

„Es ist die Bestimmung des Menschen, sich selbst zu gestalten oder sich selbst zu schaffen. Für die Zeit und Ewigkeit ist und wird er der Sohn seiner Taten sein.“

Die Übergangsphase zur neuen Gewohnheit – Durchhalten

Auf einmal ist es so, wie man es sich seit Langem gewünscht hat. Jahrelang hat man unter seinen Beschwerden gelitten und Strategien entwickelt, um damit leben zu können. Bei vielen war dieses Leiden ein Wegweiser im Leben.
Jetzt ist auf einmal alles möglich, neue Lebensperspektiven ergeben sich, man richtet sein Leben neu aus.
Zweifel kommen hoch.

Bleibt es so?
Kehrt das Leiden vielleicht zurück?

Freunde, Bekannte, Nachbarn säen weitere Zweifel.

„Gibt es doch nicht", sagen die einen.
„So schnell kann man doch nicht geheilt werden", sagen die anderen.
„Ohne Operation, ohne Medikamente kann das nicht möglich sein", meint die nahe Verwandtschaft.
„Placebo-Effekt, kann nicht von langer Dauer sein, muss man beobachten", meinen die Studierten.

Das wird man sich anhören müssen, und man spürt in sich hinein, ob denn nicht tatsächlich das Leiden wiederkommt. Man spürt so lange und intensiv in sich hinein und einige schaffen es sogar, das alte Leiden wieder in Gang zu setzen. Solche Zweifler und Spezialisten gibt es, und genau die schaffen das. Seien Sie von Ihrer selbst herbeigeführten Heilung überzeugt, genießen Sie Ihre neue Freiheit und spüren Sie das tolle Gefühl zu wissen, wozu Sie fähig sind. Bleiben Sie während einer längeren Zeit in sich selbst fest gebunden. Bald wird das neue Leben zu Ihrer Gewohnheit werden und in eine Normalität übergehen. Sie erleben dieses erhabene Gefühl, nicht mehr von Meinungen Dritter abhängig zu sein. Sie finden zurück zu einem selbstbestimmten Leben. Ihr neu gewonnenes Bewusstsein wird dafür sorgen, dass Ihr Leben sich neu ausrichtet.

„Verstehen Sie darum, was man ist, oder verstehen Sie, was man nicht ist."

Die Fähigkeit, die Sie mit den Anima-Übungen erlangen, wenden Sie zum Wohle Ihrer Gesundheit und Ihrer Finanzlage auch auf Ihr gesamtes System an.

Es ist ohne Frage, ich nehme die Wissenschaft ernst. Problematisch ist für mich, dass sie sich auf das beschränkt, was sie zu wissen glaubt; und sie glaubt nur an das, worauf sie sich beschränkt. Das, wovon Naturwissenschaftler null und nichts verstehen, gilt nicht als Wissenschaft. Die Seele zum Beispiel gibt es für sie nicht, denn man kann sie nirgends lokalisieren, geschweige denn, sie mit einem Elektronenmikroskop finden.

Leider hält es die Seele nicht für nötig, sich der Wissenschaft zu präsentieren, und will auch überhaupt keine Rolle spielen, sondern sie möchte einfach von uns verstanden werden. Könnte die Seele sprechen, bräuchte sie keine Symptome zu schicken. Wir bekämpfen nicht die Symptome, sie sind für uns ein wichtiger Wegweiser hin zum Verständnis unserer Seele und somit zu unserer Problematik.

Der Mensch soll begreifen, dass er ganz allein für sein Schicksal zuständig ist. Es ist demzufolge wichtig, Erkenntnis zu erlangen und Instrumente in den Händen zu halten, die uns auf unserem Lebensweg begleiten.

Die Anima-Übungen sind für jeden von Ihnen zugänglich und einfach in Ihr Leben zu integrieren.

Sie sind ein Meisterwerk – Selbstheilung

In den heiligen Büchern aller Religionen wird davon erzählt, und ist es nicht ein bekanntes Theorem, dass der Mensch als Ebenbild Gottes geschaffen worden ist?
Sie können in die Zukunft schauen, Sie können intuitiv Ereignisse im Voraus wahrnehmen und Sie können sich selbst heilen. Die Instrumente dazu sind unser Geburtsrecht und in jedem von uns angelegt. Wie es mit jeder Fähigkeit ist, muss auch diese erkannt und entwickelt werden. Es ist jedem Menschen freigestellt, sich mit dieser Kraft die Werte aufzuprägen, die er sich nach seinem eigenen freien Willen wünscht.
Zu einigen dieser phantastischen Fähigkeiten möchte ich gerne Ihr Coach sein und Ihnen zeigen, wie Sie Ängste auflösen, Schmerzen transformieren, emotionale Belastungen neutralisieren und wie Sie aus chronischen Krankheiten herausfinden. Kranke Organe heilen – Ihr Lebensrecht auf ein glückliches und wohlhabendes Leben erringen.
Warum werden uns diese Fähigkeiten nicht von klein auf beigebracht? Warum wird die Kraft der Gedanken immer noch verheimlicht? Ein paar Mächtige hatten schon immer Kenntnis davon und profitieren von der Menschheit.

Wussten Sie, dass alle wirtschaftlichen Güter dieser Erde in den Händen von einem Prozent der gesamten Erdbevölkerung liegen? Anders ausgedrückt heißt das: Neunundneunzig Prozent der Menschheit streiten sich um ein Prozent aller wirtschaftlichen Güter auf diesem Planeten. Möchten Sie zu dem einen Prozent der Menschheit gehören?

„Gestalte dein Denken und deinen Geist und werde frei.“

Gestern „flog“ mir dieses schöne Gedicht zu, das oft Nelson Mandela zugeschrieben wird, tatsächlich aber von Marianne Williamson stammt. Es drückt in wenigen Worten aus, was ich Ihnen bewusst machen möchte, nämlich dass Sie stolz darauf sein sollen, ein Mensch zu sein:

Unsere tiefste Angst ist nicht,
dass wir unzulänglich sind.
Unsere tiefste Angst ist es,
grenzenlos mächtig zu sein.
Es ist unser Licht, das wir fürchten, nicht unsere Dunkelheit.
Wer bin ich schon, fragen wir uns,
dass ich schön, talentiert und fabelhaft sein soll?
Aber ich frage Dich, wer bist Du, es nicht zu sein?
Du bist ein Kind Gottes.
Dich kleiner zu machen, als Du bist,
dient unserer Welt nicht.
Es ist nichts Erleuchtendes dabei,
sich künstlich klein zu machen,
damit andere Leute nicht verunsichert werden, wenn sie in Deiner Nähe sind.
Wir wurden geboren, um die Herrlichkeit Gottes, die in uns ist, zu offenbaren.
Sie ist nicht nur in einigen von uns,
sie ist in jedem Menschen.
Wenn wir unser eigenes Licht erstrahlen lassen, geben wir damit unbewusst anderen Menschen die Erlaubnis, dasselbe zu tun.
Wenn wir von unserer eigenen Angst befreit sind, befreit unsere bloße Gegenwart ohne unser Zutun die anderen.

(Marianne Williamson)

Die Anima-Übungen

In den nachfolgenden Kapiteln stelle ich Ihnen die folgenden sechs Anima-Übungen im Detail vor:

1. Die Atmung – Die Körperzellen energetisieren
2. Selbstentspannung – Mit Stress umgehen
3. Angst auflösen – Freude empfinden
4. Gelassenheit – Zu sich finden
5. Wie Sie mit Ihrem Gewahrsein Schmerzen, Lähmungen und Kummer in Frieden transformieren
6. Die Macht von Anima – Herausfinden aus chronischen Krankheiten

Mit dem Codewort „Lebensenergie" können Sie sich auf meiner Website www.lombardi.de die Anima-Übungen als Audio-Dateien gratis downloaden. Sie haben somit stets Zugriff auf Ihre Übungen und werden in jeder einzelnen Übung begleitet und geführt.

Die Atmung – Die Körperzellen energetisieren

Mit dieser Atemtechnik reichern Sie Ihr Blut mit Sauerstoff an. Ihre Körperzellen bekommen somit neue Energie und bilden die Grundlage für die elektrischen Prozesse im Körper.
Die Luft enthält alle lebensnotwendigen Elemente, die der Mensch benötigt – so wie das Wasser alle Elemente für die Fische enthält. In Wirklichkeit haben wir Menschen noch nicht gelernt, uns alle für unser Leben wichtigen Elemente der Luft zu eigen zu machen. Durch eine tiefe Atmung jedoch können wir unser Nervensystem und viele andere Krankheiten heilen.

Meine Coachees atmen mit Liebe, mit der nötigen Konzentration und der festen Überzeugung, dass sie alle Elemente einatmen, die sie zur Erhaltung oder Wiederherstellung ihrer Gesundheit benötigen.
Wenn wir tief einatmen, müssen wir den Atem lange zurückhalten, damit die Lunge alle wichtigen Nährstoffe absorbieren kann. Atmen ist demnach eine Form der Ernährung.

Befreien Sie Ihre Gedanken beim Atmen und konzentrieren Sie sich aufs Atmen. Das Zählen machen Sie mit Ihrem Finger. Während Sie tief einatmen, produzieren Sie nur die schönsten und hellsten Gedanken und Sie werden eine wertvolle Arbeit leisten.
Praktizieren Sie täglich die vorgestellte Übung. Überspringen Sie eine Mahlzeit, bleiben Sie einen Tag ohne Nahrung – oder auch mehrere Tage –, aber vernachlässigen Sie niemals Ihre täglichen Atemübungen, denn damit nehmen Sie ihre wertvollste Mahlzeit ein.

Tote Zellen, Blutproteine und andere toxische Stoffe können meist nur vom Lymphsystem ausgeschieden werden. Das Lymphsystem wiederum wird durch diese Atemtechnik besonders aktiviert. Im Unterschied zu unserem Blutkreislauf hat das Lymphsystem keine Pumpe. Wer sich ein gut funktionierendes Lymphsystem wünscht, ist auf die richtige Atmung angewiesen. Dies gilt ebenso für unsere Körperzellen, welche durch das Lymphsystem gereinigt werden. Reinigen Sie Ihren Körper durch folgende wirksame Atmung:

Die Übung:

Atmen Sie tief ein. Ziehen Sie die Luft bis in Ihren Bauchraum – wir machen eine Bauchatmung.

Achten Sie darauf, dass die Bauchdecke sich sichtlich wölbt. Gehen Sie so weit, bis Ihnen die Atmung schwerfällt. Dann gehen Sie nicht weiter. Es soll alles einfach ablaufen, ansonsten verkrampfen Sie sich. Es ergibt sich Ihr ganz persönliches Atemmuster.

Jetzt halten Sie dort im Bauchraum die Luft vier Mal so lange an, wie Sie sie eingeatmet haben. Wenn Sie bis drei eingeatmet haben, zählen Sie nun bis zwölf und halten den Atem an.

Als Nächstes können Sie doppelt so lange ausatmen, wie Sie eingeatmet haben. Also zählen Sie beim Ausatmen nun bis sechs.

Machen Sie diese Atemübung zehn Mal hintereinander. Wenn möglich, zwei bis drei Mal täglich.

Bald werden Sie Ihre Zellen mit Energie aufgeladen haben. Ihre Lymphe bekommt neuen Schwung und Sie werden sich bald gestärkt fühlen. Viele Krankheiten können so geheilt werden.

Diejenigen, die diese Übung anwenden können, besitzen das Geheimnis, sich mit der geistigen Welt zu verbinden.

Bleiben Sie am Ball, es lohnt sich!

„Unsere Atmung ist ein Schlüssel, ein Zauberstab."

Selbstentspannung – Mit Stress umgehen

Wie wir bereits gehört haben, können wir mit unserem Geist direkten Einfluss auf unseren Körper nehmen – das ist die Geist-Körper-Kontrolle.
Wenn Sie unter Stress stehen, wird Ihre Atmung automatisch flacher und schneller. Unser autonomes Nervensystem ist so geschaltet, dass sich unser Körper bei einer tiefen Atmung in Ruhe und Ausgeglichenheit befindet.
Somit entfernen wir uns von der flachen Atmung und kommen zu einer tiefen Bauchatmung. Sie werden sehen, unser Körper schaltet sofort auf Ruhe um.

Zur Übung:

Atmen Sie tief ein. Ziehen Sie die Luft bis in Ihren Bauchraum. Die Bauchdecke sollte sich wölben, genauso, wie Sie es bei der Atemübung schon gelernt haben. Machen Sie nur so lange weiter, bis es für Sie anstrengend wird. Nicht weitermachen. Hier ergibt sich Ihr eigenes Atemmuster.
Wiederholen Sie diese Atmung ganz bewusst und langsam drei Mal hintereinander und Sie werden sofort spüren, wie Friede und Wohlbefinden sich einstellen. Blutdruck und Herzrhythmus verlangsamen sich (messbar) und jeglicher Stress fällt von Ihnen ab.
Mit der Zeit werden Sie nur noch Sekunden benötigen, um Ihr Atemmuster zu finden. Machen Sie diese Übung täglich auch bei kleineren Belastungen. So steht Ihnen bei starken Belastungen jederzeit ein starkes Mittel zur Verfügung. Sie werden bald merken, wie Ihr Körper all seine Stresssymptome ablegt.

Diese Übung können Sie auch während einer schwierigen Lebenssituation anwenden. Menschen, die Sie beeinflussen wollen oder Ihnen Stress zufügen, haben somit keine Chance. Mit ein bisschen Übung ist diese Übung jederzeit durchführbar, ohne dass jemand etwas davon erfährt. Meine Coachees in den höchsten Führungsetagen bleiben auch bei starken emotionalen Momenten ruhig und gelassen. Sie schonen und stärken auf diese Weise ihre Belastbarkeit.

Das Wichtigste ist, dass, wenn Sie es einmal gelernt haben, bereits der bloße Gedanke an diese Atemfrequenz und Atmungstiefe Selbstentspannung hervorruft.

Angst auflösen – Freude empfinden

Erleben Sie Quantenheilung

Viele meiner Coaches sagen zu mir: „Ich lebe von der Hoffnung. Hoffnung ist alles, was ich in Bezug auf meine Krankheit besitze."
„Gib deine Hoffnung auf", antworte ich. „Um inneren Frieden zu erleben, musst du die Hoffnung aufgeben."
„Die Hoffnung aufzugeben, bedeutet, das Leben aufzugeben", antwortet einer meiner Coachees.
„Wenn ich die Hoffnung aufgeben sollte, dann besitze ich *nichts* mehr", sagt ein anderer.
„Was ist verkehrt an ‚nichts'?", frage ich.
Hoffnung lenkt den Geist von der Gegenwart ab, in der Friede herrscht. Hoffnung ist wie die Zukunft eine Illusion. Hoffnung hängt ebenso wie Glücksgefühle von Bedingungen ab. Frieden ist nicht an Bedingungen geknüpft und immer da.
Nicht an Bedingungen geknüpft zu sein bedeutet, man ist frei von Dingen, Vorstellungen, Emotionen, frei vom Kampf der Gegensätze – vom Richtig oder Falsch, von Geburt und Tod. Das Nichts ist ebenfalls nicht an Bedingungen geknüpft und hat kein Gegenteil. Aus dem Nichts entsteht Frieden. Wir haben Angst vor der Vorstellung des Nichts.

Die Übung:

Schließen Sie Ihre Augen. Kommen Sie zur Ruhe.
Lassen Sie jetzt Ihre Hoffnung los. Lassen Sie nichts an ihre Stelle treten.
Was spüren Sie?
Welche Emotion herrscht vor?

Wenden Sie sich nicht von der vorherrschenden Emotion ab. Schauen Sie sich diese Emotion an, nehmen Sie sie genau wahr.
Fragen Sie sich:

Wie sieht die Emotion aus?
Welche Farbe hat sie?

Schauen Sie weiter diese Emotion genau an und sehen Sie, wie sich diese verändert.

Was genau geschieht mit dieser Emotion?

Es erscheint ein Bild, ein Vorgang, ein Film läuft ab.
Greifen Sie nicht ein, lassen Sie alles geschehen.
Bleiben Sie dabei und machen Sie weiter.

Betrachten Sie weiter ihre Emotion, wie sie sich verändert oder sogar auflöst. Beobachten Sie nun das Nichts. So, wie Sie Ihre Emotion beobachtet haben. Sie werden feststellen, wie sich Frieden einstellt und Ihr Körper sich entspannt. Sie werden immer noch Ihre Krankheit haben, aber ohne Hoffnung werden Sie in Frieden damit sein, und das ist der direkte Weg zur Heilung.

Wenn wir uns abwenden von einer negativen Emotion wie Angst, Ärger, Trauer, Besorgtheit oder Schuldgefühle, dann bewirken wir im Grunde, dass diese Emotion stärker wird. Wenn wir eine destruktive Emotion loslassen wollen, dann dürfen wir sie nicht ignorieren oder von ihr davonlaufen. Wir erklären ihr auch nicht den Krieg. Das würde sie nur festschreiben und dafür sorgen, dass sie immer wieder auftritt.

Mit einem einzigen Geniestreich können wir den negativen Einfluss von Emotionen reduzieren. Wir wenden uns weder von ihr ab, noch bekämpfen wir sie. Wir nehmen den Standpunkt des neutralen Beobachters ein.
Eingehüllt in eine Wolke aus Glückseligkeit und Frieden ist so unsere Seele geschützt vor emotionalen Träumen.
Wir sind bei uns angekommen.

Staunen Sie darüber, was Sie bewirkt haben. Sie ganz allein, nur mit Ihrer inneren Arbeit.

Gelassenheit – Zu sich finden

Wenn wir in Gelassenheit kommen, empfinden wir Stille, Frieden, Ruhe, Glückseligkeit, Mitgefühl oder Ähnliches. Ich nenne diese Gefühle „Eu-Gefühle.“ Wenn wir diese Gefühle finden, machen wir auch unsere Erfahrung mit unserem „Selbst“.
Das eigene Selbst zu kennen, ist die natürlichste, erlesenste Erfahrung, die ein Mensch machen kann. Des Selbst gewahr zu sein, ist das Geburtsrecht jedes Menschen. Ich bin zutiefst davon überzeugt, dass es unsere höchste Pflicht ist, unseres Selbst gewahr zu werden.

Mit dieser Übung finden wir hin zu Frieden, Ruhe und Gelassenheit, hin zu unserem Eu-Gefühl und der Erfahrung mit unserem Selbst.

Die Übung:

Stellen Sie sicher, dass Sie die nächsten zwanzig Minuten nicht gestört werden.
Setzen Sie sich bequem hin und schließen Sie Ihre Augen. Lassen Sie Ihre Gedanken einfach zehn bis fünfzehn Sekunden lang umherschweifen. Beobachten Sie, wie Ihre Gedanken kommen und gehen.
Werden Sie sich nun mehr dessen bewusst, was Sie denken. Der Inhalt spielt keine Rolle.
Achten Sie einfach sehr genau auf alle Gedanken, die über Ihre innere Leinwand flimmern.
Beobachten Sie diese konzentriert und aufmerksam. Das heißt nicht, dass Sie sich bemühen und angestrengt beobachten sollen. Seien Sie entspannt mit fokussierter Aufmerksamkeit.
Beobachten Sie gelassen Ihre Gedanken ein oder zwei Minuten lang.

Lesen Sie nicht weiter, solange Sie nicht ein oder zwei Minuten lang Ihre Gedanken genau beobachtet haben.

Dann machen wir weiter.

Beim Beobachten werden Sie sicher bemerkt haben, dass Ihre Gedanken praktisch sofort begannen, sich zu beruhigen oder zu verlangsamen.
Denken Sie daran: Was immer Ihre Gedanken tun, ist richtig. Ihre Aufgabe besteht darin, der vollkommene Beobachter zu sein. Sie beobachten einfach, was die Gedanken als Nächstes tun. Mehr tun Sie nicht!

Sie haben vielleicht bemerkt, dass beim Beobachten die Gedanken langsamer wurden. Sie haben vielleicht auch bemerkt, dass sie vergingen und dass Sie nur mit der reinen Bewusstheit allein waren.
Toll!
Merken Sie jetzt, dass Sie sich nach dem ersten Teil der Übung körperlich entspannter und ruhiger fühlen?

Wir machen weiter.

Schließen Sie Ihre Augen. Beobachten Sie wieder ganz unbefangen Ihre Gedanken.
Diesmal wird es schon leichter sein und Sie stellen vielleicht fest, dass sich Ihre Gedanken rasch legen oder ganz aufhören.
Beobachten Sie sie einige Minuten aufmerksam. Achten Sie darauf, wie Sie sich nach zwei oder drei Minuten fühlen.
Haben Sie während dieser Zeit eine gewisse Stille, Ruhe oder Frieden empfunden? Vielleicht Freude, Liebe oder Ähnliches?
Das ist Ihr Eu-Gefühl.

Beobachten Sie Ihre Gedanken und warten Sie, bis Ihr Eu-Gefühl in Ihrer Wahrnehmung auftaucht. Welches Eu-Gefühl auch immer auftritt, beobachten Sie es gelassen. Kein Eu-Gefühl ist besser oder schlechter.
Falls wieder Gedanken auftauchen, beobachten Sie sie ganz unbefangen. Ihre Gedanken werden dem Nicht-Denken oder Ihrem Eu-Gefühl weichen.
Gedanken, Eu-Gefühl, oder reine Bewusstheit – beobachten Sie es ganz unbefangen und tun Sie nichts anderes. Das ist wichtig.
Tun Sie nichts anderes, als Ihre Gedanken zu beobachten und auf Ihr Eu-Gefühl zu warten.
Sobald Sie Ihr Eu-Gefühl wahrnehmen, konzentrieren Sie sich klar und aufmerksam darauf. Bisweilen haben Sie vielleicht weder Gedanken noch ein Eu-Gefühl. Das ist dann reine Bewusstheit. Dann warten Sie einfach in dieser reinen Bewusstheit – und Ihr Eu-Gefühl wird wieder auftreten.

Sie sehen, wie einfach das ist. Ihre Haltung ist immer die gleiche. Sie sind der Beobachter, nicht mehr. Greifen Sie nie in Ihre Gedanken oder Ihre Eu-Gefühle ein oder versuchen Sie nicht, sie zu kontrollieren.
Alles wird für Sie erledigt von der Weisheit Ihres Eu-Gefühls, sobald sie seiner gewahr sind.
Folgen Sie dem Prozess noch ein paar Minuten lang und öffnen Sie dann langsam Ihre Augen.

Sie sind jetzt Ihres Eu-Gefühls gewahr.
Ihre Augen sind offen und Sie sind Ihres Eu-Gefühls gewahr.
Ist das nicht erstaunlich?
Ihr Eu-Gefühl ist Ihnen nach draußen in die Aktivität gefolgt.

Um mit dieser Übung tief in den Prozess zu gelangen, lassen Sie sich vielleicht den Text von einer Person vorlesen.

Sie können sich auch von unter Eingabe des Codeworts „Lebensenergie“ eine Audio-Datei meiner Website www.lombardi.de downloaden, die Sie durch alle Übungen führen wird.

Wie Sie mit Ihrem Gewahrsein Schmerzen, Lähmungen und Kummer transformieren

Diese Übung basiert auf quantenphysikalischen Prinzipien. Wie schon gesagt, bestehen wir aus Photonen und Information. Atome haben die Tendenz, sich bei Betrachtung zu verändern. Dieses Phänomen nehme ich zum Anlass und zeige Ihnen mit dieser Übung, wie Sie Belastungen und körperliche Problemzonen transformieren können.

Suchen Sie sich für diese Übung einen ruhigen Raum und stellen Sie sicher, dass Sie die nächsten zwanzig Minuten nicht gestört werden.
Atmen Sie nun langsam drei Mal tief ein und kommen zu sich. Wenn Sie ruhig geworden sind, scannen Sie Ihren Körper. Das heißt, gehen Sie innerlich mit Ihrem Gewahrsein über Ihren ganzen Körper und stellen Sie fest, wo eine Emotion spürbar ist.
Dies kann ein Kribbeln sein, eine Unruhe, ein Ziehen oder irgendeine störende Stelle im Körper.
Haben Sie eine solche Stelle gefunden, gehen Sie mit Ihrem Gewahrsein zu dieser Stelle im Körper. Schauen Sie dieses Unwohlsein direkt an und fragen Sie sich:

Was ist es genau?
Wie sieht es aus?
Wie ist das Unwohlsein? Stark, ziehend, brennend, einengend, scharf?
Wie empfinde ich es? Kalt oder warm?
Habe ich ein Bild dazu?
Hat es eine Struktur?
Wie ist seine Farbe?
Kann ich eine Kontur sehen?

Einen äußerer Rahmen?
Ist er gleichmäßig, gezackt, offen?
Wie ist er beschaffen?

Schauen Sie weiter alles intensiv an, was Ihnen gezeigt wird.
Warten Sie, bis ein klares Bild entsteht.
Beim intensiven Betrachten werden Sie auf einmal feststellen, dass sich das Ausgangsbild verändert. Folgen Sie dieser Veränderung und schauen Sie zu. Es kann sein, dass sich das Bild bewegt und sich eine andere Stelle sucht. Folgen Sie dem Bild. Bleiben Sie dabei und erleben Sie weitere Veränderungen. Greifen Sie nicht ein, lassen Sie alles geschehen, Sie sind nur der Betrachter. Sie betrachten alles aus einer neutralen, ruhigen und entspannten Position.

Neben Ihnen steht nun ein Regal. Egal ob rechts oder links. Nehmen Sie Ihr Bild und legen Sie es bitte in dieses Regal. Sagen Sie zu dem Bild: „Ich komme gleich wieder und werde mich um dich kümmern."

Begeben Sie sich zurück in Ihre Ausgangslage.

Starten Sie neu. Gehen Sie diesmal zu dem Organ oder Körperteil, mit welchem Sie arbeiten möchten. Gehen Sie ganz nahe heran an dieses Körperteil und stellen Sie sich die gleichen Fragen wie oben.

Legen Sie großen Wert darauf, den Schmerz oder das Unwohlsein klar zu definieren.

Ist es hart, weich, zäh, brennend, unangenehm, schmerzend usw.?

Warten Sie ab, bis ein klares Bild entsteht!
Betrachten Sie ganz intensiv das Ihnen gezeigte Bild. Verfolgen Sie die entstehenden Veränderungen und greifen Sie nicht ein. Lassen Sie es geschehen. Sie betrachten alles aus einer neutralen, ruhigen und entspannten Position.

Fragen Sie nun Ihren Geist: Ist dieses Bild mit einer eingelagerten emotionalen Begebenheit verbunden? Bitte zeige mir ein Bild mit dieser Begebenheit.

Warten Sie geduldig, bis Ihnen auf Ihrer inneren Leinwand ein Bild gezeigt wird. Sehr oft ist das Unbehagen, die Lähmung oder der Schmerz mit einem uralten Trauma verbunden – längst vergessen und im Unterbewusstsein vergraben. Während nun dieses Bild in Ihnen aufgebaut wird, schauen Sie es sich in Ruhe an. Analysieren Sie nicht. Greifen Sie nicht ein. Nur emotionslos, neutral anschauen.
Auch dieses Bild wird sich verändern.

Wenn Sie mit den Veränderungen zufrieden sind, lassen Sie dieses Bild stehen und kehren Sie zu Ihrem Bild im Regal zurück.
Schauen Sie sich das Bild noch einmal genau an und stellen Sie die Veränderungen fest. Es wird sich einiges verändert haben.
Vielleicht hat sich das Bild schon aufgelöst.

Lassen Sie dieses Bild nun stehen.
Kehren Sie zu dem Bild von Ihrem Körperteil oder dem ausgewählten Organ zurück.
Sie werden einige Veränderungen wahrnehmen. Das Bild hat sich verändert oder sogar komplett aufgelöst.

Beenden Sie die Übung, indem Sie drei Mal tief einatmen und dann die Augen öffnen.
Spüren Sie Ihren Schmerz noch?
Was ist geschehen?
Der Schmerz wird sich verabschiedet haben.
Nur noch wenig wird Sie an den Schmerz erinnern.
Bei einer Lähmung werden Sie feststellen, dass diese weicher und elastischer geworden ist und Sie sogar ein Gefühl zu diesem Körperteil aufbauen können.

Bei Lähmungen wiederholen Sie diese Übung täglich zwei Mal.

Die Macht von Anima – Herausfinden aus chronischen Krankheiten

Diese Anima-Übung gibt uns die Kraft, aus der Spirale chronischer Krankheiten und emotionaler Verflechtungen herauszufinden. Diese letzte Übung in Anima II öffnet Ihnen die Welt, in der Sie der Herrscher sind.

Die Tür zu dieser Welt öffnet sich mit drei Schlüsseln:

- mit der Kraft Ihres Geistes,
- der Hingabe Ihrer Seele
- und Ihrem Körper.

Beachten Sie alle drei Schlüssel, erleben Sie die Macht von Anima.

Sind Sie bereit?
Dann nichts wie los!
Zauberwelt, wo sich Ihre Wünsche erfüllen.

Viele von uns kennen die eigenen inneren Möglichkeiten noch nicht, in jedem von uns sind diese jedoch vorhanden. Wir werden sie aufwecken und zu unseren Gunsten arbeiten lassen.
Arbeiten wollen Sie nicht? Wohl zu bequem! Eine Tablette zu schlucken oder eine Spritze in den Hintern zu bekommen ist einfacher?
Glauben Sie mir, man will Ihnen einflüstern, man könne Gesundheit kaufen. Die einen sagen, man könne sie günstig erwerben, die andere behaupten, sie koste viel Geld. Und ich sage Ihnen, es gibt sie umsonst, wenn Sie bereit sind, sich diese im Schweiße Ihres Angesichtes verdienen zu wollen. Den Weg zeige

ich Ihnen als Ihr Coach. Nur kann ich Ihnen nicht das Tun abnehmen. Tun müssen Sie selbst!

Ich sagen Ihnen gleich zu Beginn: Ich glaube nicht an Ihre Unheilbarkeit! Nur der Gehende bewältigt den Weg.
„Wodurch unterscheiden Sie sich von allen anderen Menschen, die ihren Krankheiten erliegen?“, war meine erste Frage zu Beginn dieses Buches.
Dank meiner hartnäckigen Arbeit an mir selbst bin ich den Krallen der Schwerstbehinderung entkommen. Ich habe nämlich herausgefunden, welche Charakterzüge ein Mensch haben muss, dem es gelingt, seine Krankheit zu besiegen. Mit anderen Worten: Ich habe das detaillierte Bild eines Siegers entschlüsselt und Sie werden es hier kennenlernen. Ich habe eine Gesetzmäßigkeit entdeckt, die anzeigt, warum der Kranke in seinem Leiden stecken bleibt: Vom frommen Wunsch, von der reinen Absicht, gesund zu sein, gelangen Sie ins Nichts!

Machen wir uns an die Arbeit mit Ihrer Krankheit!

Stellen Sie sich klare, exakte und konkrete Aufgaben mit einem genauen Zeitplan. Stellen Sie sich willentlich ein Bild Ihrer Genesung vor verbunden mit der Freude, dass Sie gesund sind, und der Organismus beginnt sofort, diese Vision zu verwirklichen. Denken Sie an den Biss in die saftige Zitrone. Sie haben nicht an den Speichel gedacht, jedoch hat der Organismus sofort auf dieses Bild reagiert. Das heißt, das in Ihrem Inneren erzeugte Bild hat eine konkrete materielle Kraft, mit deren Hilfe Sie den gesamten Organismus unter Ihre Führung nehmen.

Jetzt gibt es noch einige Bedingungen, die zu erfüllen sind:

Die erste Bedingung lautet: *Setzen Sie sich ein klares Ziel.*
Wie Seneca schon sagte: „Auch der günstigste Wind nützt nichts, wenn man seinen Zielhafen nicht kennt."

Eine zweite Bedingung lautet: *Machen Sie klar definierte Zeitvorgaben.*
„Ich befreie mich von meiner Krankheit innerhalb von vier Wochen."

Und noch eine Bedingung ist zu beachten: *Führen Sie ständige Kontrollen über den Verlauf Ihrer Genesung durch.*
Kontrollieren Sie wie ein Buchhalter alle Veränderungen Ihrer Genesung. Ihrer Seele bleibt nichts anderes übrig, als sich zu unterwerfen. Um jedes Organ oder Körperteil, dass Sie bearbeiten möchten, kümmern Sie sich mit den Anima-Übungen drei bis fünf Mal pro Woche, und zwar einen ganzen Monat lang. Fordern Sie täglich Rechenschaft von Ihrem Körper und erfahren Sie, wie sich die Veränderung entwickelt. Arbeiten Sie jeweils nur mit einem einzigen Körperteil.

Wenn wir das Schicksal (z. B. Krankheiten) und den Charakter betrachten, kommen wir zu folgender Erkenntnis: Beides sind spiegelgleiche gegenseitige Abbildungen! Charakter und Schicksal sind ein und dasselbe. Die Veränderung des Charakters führt zu einer Veränderung des Schicksals.

Merken Sie schon, Sie sind bereits auf diesem Weg der Veränderung.
Noch eine wichtige Bemerkung, bevor es losgeht: Wenn Sie die Übungen ausführen, aber der Kopf dabei voller Gedanken ist, werden all Ihre Bemühungen reine Zeitverschwendung sein! Es siegt nicht die Technik, sondern Ihr Geist!"

Also lassen Sie uns loslegen.

Stellen Sie bitte sicher, dass Sie während der Übung nicht gestört werden. Zaubern Sie ein Lächeln auf Ihr Gesicht. Nicht so zaghaft, lächeln Sie von einem Ohr zum anderen. Zeigen Sie all Ihre Zähne.
Wir stehen nicht einfach so da wie ein paar Kartoffelsäcke. Nein! Versuchen Sie jetzt die Haltung herzustellen, die jeden sehen lässt, dass Sie der beste und schönste Mensch auf der Welt sind. Die Herrlichkeit in Person. Diese Stellung, verbunden mit der Empfindung, dass Sie die Kraft sind, dass Sie die Güte sind, dass Sie die Jugend sind.
Lächeln Sie weiter!
Hier eine kleine Hilfe, die Ihnen zeigt, wie steht ein erfolgreicher Mensch steht: Richten Sie Ihre Brust gerade. Lassen Sie einfach die Schultern sinken und strecken Sie den Rücken so weit es geht nach oben. Ihr Bauch soll nicht an den Knien hängen. Bauch einziehen, es soll dort die Hüfte zu sehen sein, wo es mal eine gab.
Sind Sie noch am Lächeln?
Jetzt werden wir wie ein Zauberer Wünsche erfüllen. Dazu erteilen wir den Befehl und erkennen in uns den Sieger. Haben Sie den Sieger in sich erkannt? Lassen Sie in sich den Wunsch erwachen zu leben und nach schöpferischer Tätigkeit zu streben.
Üben Sie mit geschlossenen Augen.
Den inneren Blick richten Sie auf das Gebiet, mit welchen Sie arbeiten möchten.
Die Wirbelsäule ist noch gestreckt?
Den Kopf etwas höher!
Und Ihr Lächeln?

Stellen Sie bewusst das Gefühl, den Wunsch, das Empfinden her, der zu sein, der Sie werden wollen.

Schrittweise verstärken Sie dieses innere Gefühl!

Versuchen Sie einen kreativen Akt! Schaffen Sie in Ihrem Inneren das Bild dessen, wonach Sie streben!

Durch Ihren Körper schicken Sie nun den Wunsch, den Befehl der Schönheit, der Gesundheit, des Glaubens.

Schaffen Sie eine Resonanz zu dem Körperteil, mit dem Sie gerade arbeiten. Mit Resonanz meine ich, dass Ihr Körperbereich, mit dem Sie gerade arbeiten, Ihnen antwortet. Dies kann ein Kribbeln sein, eine Muskelbewegung, eine Reaktion auf Ihren Befehl. Schauen Sie, dass Sie diese Resonanz als erstes Resultat erzielen.

Verstärken Sie Ihr Vertrauen in Ihre Kraft und in die Macht, die Ihnen innewohnt.

Mehr noch!

Mehr!

Bravo!

Lassen Sie jetzt eine Befehlswelle, ein Geheiß, eine Festlegung durch Ihren ganzen Körper laufen und sagen Sie ganz laut: „So sei es!"

Es sei so, wie Sie das wollen.

Fühlen Sie, wie Ihre Seele und Ihr Körper mit einer Resonanz reagieren! Schicken Sie dem kranken Organ Ihre Zärtlichkeit und Ihr Geheiß und sagen laut: „Hier bin ich."

Gedanklich sehen Sie nun Ihre Genesung, Sie zwingen sie sich auf, Sie gebieten sich und geben den Befehl: „So sei es!"

Gedanklich betrachten Sie sich in der Zukunft, sehen sich ohne Ihre Gebrechen und alles ist gut und angenehm, so, wie es sein soll, wie Sie es sich wünschen. Sie sehen und streben und schaffen einen körperlich fühlbaren Drang nach diesem Ziel.

Die Wiederherstellung Ihrer Gesundheit ist eine neue Lebensetappe, ebenso wie die Realisierung weiterer Aufgaben. Sie verwirklichen Ihre Träume.
Wenn Sie alles richtig und bewusst anwenden, wird die in Ihrem Inneren entstehende Schwingung eine Resonanz zur Krankheit finden, und unabhängig davon, ob Sie es glauben oder nicht, beginnt die Heilung.

Reduzieren wir das Vorgehen auf eine kurze Formel:

- Schlüpfen Sie in Ihre Siegerpose, Ihre visuelle Ausdrucksform eines Siegers.
- Heben Sie die Stimmung. Lächeln nicht vergessen.
- Wenden Sie die Wiederherstellung Ihrer Gesundheit in der Praxis an und lernen Sie die Kunst des Siegens.

Die Heilung kommt in Schüben, in Wellenform. Prüfen Sie jede Verbesserung, sie etabliert sich im Laufe der Übungen über längere Zeit, bis sie dann für immer bleibt.
Wenn Sie innerlich nicht mitarbeiten und nicht die erforderliche Stimmung herstellen, können Sie hundert Jahre auf eine Verbesserung warten – es wird vergeblich sein.

Auf meiner Website www.lombardi.de können Sie unter Eingabe des Passwortes „Lebensenergie“ die Anima-Übungen gratis als Audio-Dateien downloaden. In den Übungen werden Sie geführt und können so Ihre ganze Kraft auf die Umsetzung verwenden.
Es wird auch Workshops geben, in denen Sie alle Übungen unter professioneller Anleitung erlernen können. Dazu werden Sie auf meiner Website einen Veranstaltungskalender finden. Bitte konsultieren Sie diesen regelmäßig.

MIX
Papier aus verantwortungsvollen Quellen
Paper from responsible sources
FSC® C105338

Printed by Books on Demand GmbH, Norderstedt / Germany